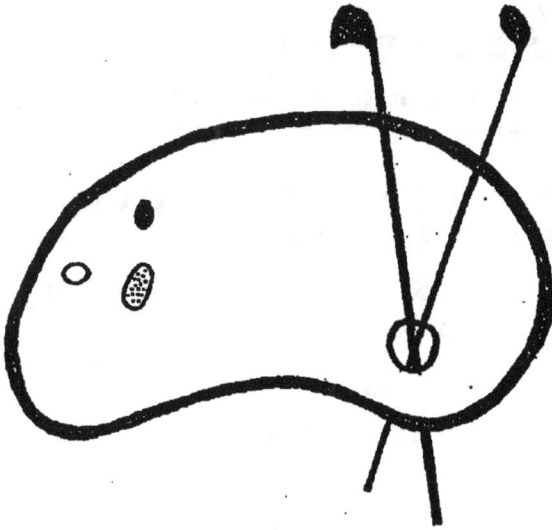

DEBUT D'UNE SERIE DE DOCUMENTS
EN COULEUR

SCIENCE ET RELIGION
Études pour le temps présent

L'INQUISITION

Son rôle
religieux politique et social

PAR

G. ROMAIN

AUTEUR DE

*L'Église et la Liberté; Le Moyen-âge fut-il une
époque de ténèbres et de servitude? et La Question
protestante.*

DEUXIÈME ÉDITION

PARIS
LIBRAIRIE BLOUD ET BARRAL
4, RUE MADAME ET RUE DE RENNES, 59
1900

ST-AMAND (CHER). — IMPRIMERIE DESTENAY, BUSSIÈRE FRÈRES

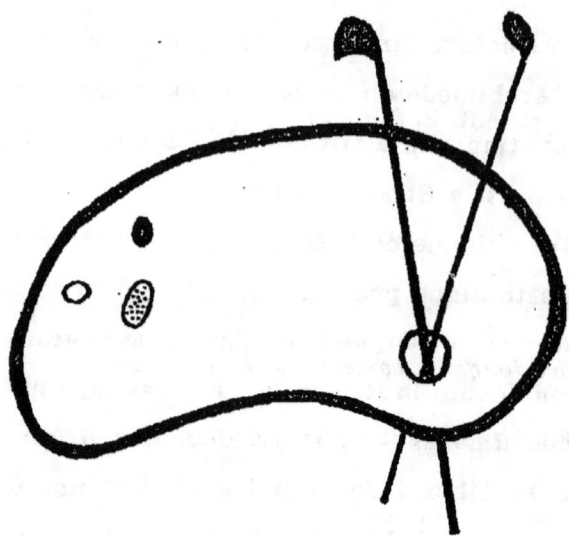

FIN D'UNE SERIE DE DOCUMENTS
EN COULEUR

L'INQUISITION

SCIENCE ET RELIGION

Études pour le temps présent

L'INQUISITION

Son rôle
religieux politique et social

PAR

G. ROMAIN

AUTEUR DE

*L'Église et la Liberté; Le Moyen-âge fut-il une
époque de ténèbres et de servitude? et La Question
protestante.*

DEUXIÈME ÉDITION

PRO DEO ET PATRIA

PARIS
LIBRAIRIE BLOUD ET BARRAL
4, RUE MADAME ET RUE DE RENNES, 59
1900

INTRODUCTION

Voulez-vous savoir, lecteur, ce que fut autrefois l'Inquisition ?

Si vous désirez connaître la vérité à son sujet, les exagérations, les erreurs et les faussetés répandues contre elle nous allons répondre à ce désir, sans dissimuler les reproches qu'ont mérités certains de ses agents et de ses tribunaux. Il ne faut pas confondre une institution avec ceux qui en ont faussé ou violé l'esprit.

Le Père Lacordaire a donné, de cette institution la définition que voici. « L'Inquisition est un tribunal établi autrefois dans quelques pays de la chrétienté, par le concours de l'autorité civile et de l'autorité ecclésiastique pour la recherche et la répression des actes tendant au renversement de la religion. »

Tout d'abord on voit qu'il ne s'agissait nullement, par l'Inquisition, d'imposer la foi catholique à ceux qui y étaient étrangers. C'est en leur envoyant ses missionnaires, au risque de leur vie, que l'Eglise convertissait et convertit encore les païens et les infidèles.

Mais si l'Eglise et l'Etat jugeaient avec raison que ceux qui étaient étrangers à la religion catholique avaient la faculté de ne pas l'embrasser, nul n'avait le droit de l'insulter et de la trahir.

L'Etat et l'Eglise n'ont donc fait, par l'Inquisition, que ce que fait tout gouvernement contre ceux qui attaquent les institutions et les lois existantes. Ici l'Eglise et l'Etat avaient particulièrement raison, car la religion était alors justement considérée comme le premier des biens. Le suffrage universel en jugeait ainsi. Il avait raison puisque c'est au christianisme, vainqueur du paganisme et de la barbarie, qu'était due la supériorité morale et intellectuelle des nations chrétiennes. C'est de ce point de vue élevé qu'il faut juger la question.

La suppression de l'esclavage suffirait, à elle seule, pour établir cette supériorité.

Aristote, ce génie de la Grèce disait : « Parmi les hommes les uns sont des êtres *libres par nature*, les autres des créatures pour lesquelles *il est utile et juste de vivre dans la servitude*. Les esclaves ne diffèrent des bêtes qu'en ce qu'ils sentent la raison chez les hommes libres, *sans en avoir l'usage pour eux-mêmes*. »

Le poète Lucain disait : « *Le genre humain est fait pour quelques hommes.* »

Voilà la sagesse antique de la Grèce et de Rome.

Le christianisme aurait donc été, au pied de la lettre, le libérateur du genre humain rien qu'en proclamant la suppression de l'esclavage, l'émancipation de la femme et le droit des gens. Mais il l'a été à tous les points de vue.

Au point de vue de la morale, le Moyen Age où il a triomphé, fut la période par excellence de la vertu, de l'honneur, de la chevalerie, de tous les sentiments nobles et élevés. Après sainte Geneviève qui avait sauvé Paris des fureurs d'Attila, après sainte Clotilde qui avait converti Clovis ; combien de héros et de

grandes âmes, de Charlemagne à Duguesclin, à saint
Louis, à Blanche de Castille, à Bayard et à Jeanne
d'Arc, sont les glorieux témoins de cette époque gran-
diose !

Au point de vue intellectuel Victor Cousin disait:
*Le Moyen Age porte avec une fécondité admirable les
plus belles choses que le monde eût encore vues.*

Les noms d'Alcuin, de Suger, de Vincent de Beau-
vais, de saint Bernard, de Roger Bacon, d'Albert le
Grand, de Thomas d'Aquin, de Dante, etc., justifient ce
jugement du philosophe libre-penseur.

C'est au Moyen Age qu'ont été fondées les célèbres
universités de Toulouse, de Paris, de Salamanque, de
Cambridge, de Montpellier et tant d'autres.

C'est du Moyen Age que date aussi l'affranchissement graduel des peuples, les libertés communales et
municipales qui étaient, alors, *supérieures à celles d'aujourd'hui*: Guizot et Demolins l'ont démontré. C'est du
Moyen Age que datent les corporations ouvrières
libres, puissantes et prospères, détruites par la Révolution parce qu'elles étaient chrétiennes.

C'est du Moyen Age que date la royauté paternelle
et libérale qui va de Charlemagne à saint Louis. Aussi
Mme Roland disait-elle avec raison : « *En France c'est
la liberté qui est ancienne, c'est le despotisme qui est
nouveau.* »

Gutemberg l'inventeur de l'imprimerie, Christophe
Colomb qui a découvert l'Amérique éclairent le cou-
chant de cette glorieuse époque. Aucune n'a plus de
titres à notre admiration et à notre respect.

Malheureusement beaucoup l'ignorent grâce aux fal-
sifications que l'anticléricalisme et la Révolution ont
fait subir à l'histoire. L'éminent historien Augustin
Thierry l'a dit : « *L'opinion publique, en histoire, est ou
radicalement fausse ou entachée de fausseté.* » Selon

Proudhon, *c'est de nos jours qu'il faut dater le déluge de mensonges qui a perverti la raison publique.*

Chateaubriand, Guizot, Littré, Victor Duruy, Taine, Renan, Lecoy de la Marche, Demolins, de Montléon ont, comme Augustin Thierry, rétabli la vérité faussée par les anti-cléricaux. Trompé d'abord comme tant d'autres, de Tocqueville a dit : « *J'ai commencé l'étude de l'histoire rempli de préjugés contre l'Eglise, je l'ai finie plein de respect.* »

Grâce à ces rénovateurs de la science historique on sait aujourd'hui que, pendant le Moyen Age si méconnu, la France était à la tête des nations. Grâce à l'unité de sa foi, à sa force morale, elle offrait l'état social le plus heureux et le plus prospère jusqu'à l'époque néfaste de la guerre de cent ans, aggravée de pestes et famines épouvantables.

On sait aussi que la Renaissance sceptique ne fut un progrès que sous le rapport des beaux arts ; que sauf Montaigne et Charron, la littérature et les mœurs y furent licencieuses ; que la royauté paternelle et libérale y devint absolue et dissolue ; que les légistes, ses flatteurs, diminuèrent ou supprimèrent les libertés publiques ; qu'ils brûlèrent par milliers de prétendus sorciers jusqu'au milieu du XVIII° siècle. La Renaissance est la grande époque de la sorcellerie renouvelée du paganisme, comme l'esprit de la Renaissance lui-même.

Et des ignorants ou d'impudents faussaires ont mis tout cela au compte du Moyen Age chrétien pour le décrier. Sur tous ces points la lumière est faite aujourd'hui. Michelet lui-même a dit : « *Les cruels démolisseurs du Moyen Age furent les tyrans de la France.* »

On comprend, dès lors, qu'à cette époque de foi ardente l'Etat ait poursuivi les agresseurs de la religion qui avait fait la grandeur morale de la France. Ils étaient les ennemis de la société elle-même.

Le christianisme était si bien le promoteur des progrès de toutes sortes au Moyen Age, que dans les contrées d'où il a disparu par la force, la servitude et la barbarie y sont revenues.

On sait la grandeur des Eglises primitives d'Orient : Jérusalem, Antioche, Alexandrie, Smyrne, Ephèse. Elles ont été illustrées par des saints et des génies comme Tertullien, saint Cyprien, Arnobe, Lactance saint Augustin. Eh bien, depuis que le mahométisme a remplacé le christianisme dans ces contrées, depuis que la croix y a été remplacée par le croissant, et l'Evangile par le Coran, elles sont sous le joug du cimeterre. Récemment encore trois cent mille chrétiens ont été égorgés en Arménie.

Cette double démonstration, par l'histoire, des bienfaits de l'Eglise et de l'effroyable décadence due à ses adversaires, est la justification indéniable du principe de l'Inquisition.

Elle avait pour but de conserver intacts les bienfaits moraux, intellectuels, politiques et sociaux dûs au christianisme, inconnus ou perdus hors de lui. Rien n'était plus légitime au point de vue patriotique et chrétien. Dans la pensée de ses promoteurs elle était une œuvre de préservation et de défense contre ceux qui mettaient en danger l'unité religieuse et la paix sociale. Elle avait un but analogue à celui de nos tribunaux qui recherchent et punissent les attentats aux mœurs, à la propriété ou à la vie.

La foule trompée par les mensonges habituels de la presse anti-cléricale s'imagine que, dans l'Inquisition, le prêtre intervenait à titre de juge, puis à titre d'exécuteur, et enfin que les Papes tenaient tous les fils de cette institution. Autant de suppositions fausses.

L'Eglise est une puissance, *spirituelle, enseignante, persuasive*. Elle ne peut avoir recours qu'à une coerci-

tion morale comme son pouvoir. Elle a le droit de
punir ses enfants coupables par des peines *correctives*
comme font un père et une mère, mais elle ne peut les
imposer *par la force* au fils révolté qui s'y refuse.
L'Etat, seul, a cette faculté. L'Eglise épuise son pouvoir
en déclarant hors de son sein celui qui s'y met lui-
même par sa révolte : *elle l'excomunie. L'ultima ratio*
des pouvoirs temporels c'est l'échafaud : *l'ultima ratio*
de l'Eglise, c'est *l'anathema sit*. Elle est la seule puissance au monde qui ne puisse pas et ne veuille pas
user de la force. La puissance civile seule la possède.
Depuis un siècle cette puissance étant entre les mains
des anti-cléricaux, ceux-ci persécutent l'Eglise comme
faisaient autrefois les barbares.

Dans les tribunaux de l'Inquisition, le prêtre remplissait l'office de nos jurés dans nos cours d'assises.
Les juges civils ne lui posaient que cette question re-
levant de sa compétence : Oui ou non l'accusé est-il
apostat, hérétique, relaps ?

Dès que l'accusé était convaincu de culpabilité *selon
la loi civile*, il n'appartenait plus à l'Eglise. Il devenait
criminel d'Etat, et l'Etat exécutait la sentence et la
peine *édictées par la société civile*.

Dans chaque contrée l'Inquisition relevait de l'autorité royale.

La papauté créa *un tribunal d'appel papal* auquel
pouvaient recourir ceux qui étaient injustement condamnés. Léon X excommunia l'inquisiteur Torquemada
en 1521 à cause de ses rigueurs et malgré les protestations de Charles-Quint. Caranza archevêque de Tolède,
fut retenu huit ans dans les prisons de l'Inquisition,
malgré les réclamations du Pape et du Concile de Trente.

Un tribunal d'Inquisition exista à Rome sous le nom
de *Congrégation romaine du Saint-Office*. Il n'a jamais
signé une condamnation capitale.

L'historien anglais Gibbon avoue que l'Inquisition
fit mourir infiniment moins de monde, en maintenant
l'ordre et l'unité, que l'établissement du protestantisme
en répandant partout les discordes et les guerres civiles.

En Angleterre, seulement, la *bonne* reine Elisabeth
avait fait supplicier 43 000 victimes ; Henri VIII 70 000.

L'Etat ne pouvait laisser attaquer la religion par la
force brutale comme le firent les Albigeois et les protestants.

Les Albigeois assassinèrent Pierre de Castelnau,
légat du Pape, délégué pour une entente. Une croisade
fut décidée contre eux, et Simon de Montfort les battit.
A qui revient la responsabilité de la lutte ?

Après le colloque de Poissy, les protestants réfutés et
battus dans ce duel de la parole, reprirent les armes.
Ils furent vaincus à Dreux, à Saint-Denis, à Jarnac et
à Moncontour.

Coligny qui avait fait assassiner le Duc de Guise par
Poltrot de Méré s'était emparé de l'esprit de Charles IX.
Il conspira ensuite contre lui pour le tuer ainsi que les
princes, Catherine de Médicis et le second duc de
Guise. On devait agir le 24 août, jour de la Saint-
Barthélemy.

Les conspirateurs furent pris à leurs propres pièges.
Les principaux conjurés s'introduisirent au Louvre sans
se douter qu'ils venaient se livrer à la mort en croyant
la donner. On trouvera, sur ce sujet, les informations
les plus authenthiques dans le savant travail de Kervyn
de Lettenhoven, membre de l'Académie de Belgique,
intitulé : *les Huguenots et les Gueux.* Elles établissent
que la Saint-Barthélemy, si sévèrement qu'on puisse
la juger, ne fut qu'une mesure défensive contre de criminels agresseurs pris à leurs propres pièges. Et pourtant combien en est-il encore qui reprochent aux catho-

liques la Saint-Barthélemy! Ignorance ou comédie!

Ceux qui sont sincères sont les dupes d'une Triplice composée des protestants, des juifs, et des francs-maçons, ennemis acharnés de l'Eglise et de la liberté de conscience des catholiques. Maîtres de la France aujourd'hui ils les persécutent et font des lois d'exception contre eux.

Voilà pourtant ceux qui reprochent aux époques de foi d'avoir sévi contre ceux qui attaquaient la religion catholique, à qui était dû l'affranchissement social, intellectuel et moral du monde!

On se demande vraiment si l'on doit prendre au sérieux de pareils reproches et y répondre. Nous allons le faire pourtant pour dissiper un préjugé dont des hommes de bonne foi sont dupes et victimes. S'ils réfléchissaient ils se diraient que les adversaires les plus acharnés de l'Inquisition sont les partisans et les admirateurs de la Révolution qui avait osé arborer la devise : *Liberté, égalité, fraternité*. On va voir comment elle l'a mise en pratique.

Louis Prudhomme, collaborateur de Chaumette et ami de Robespierre jeune porte à neuf cent mille le chiffre des victimes de la Révolution, pendus, fusillés, égorgés, noyés, guillotinés, mitraillés, en y comprenant 123,000 émigrés, les innombrables victimes des deux côtés dans les guerres de la Vendée, les assassinats des blancs et des noirs aux colonies, les déportés, etc.

Ce chiffre est évidemment exagéré ; mais même en le réduisant de moitié, il reste épouvantable.

L'Inquisition d'Espagne fut de beaucoup la plus cruelle. Comparons-la à la Révolution.

Llorente, qui en a fait l'histoire, porte le chiffre des condamnés à la peine du feu à 10.220, de l'année 1481 à l'année 1498 ; soit en dix-sept ans.

C'était sous le ministère de l'Inquisiteur général Torquemada, que le pape excommunia pour sa cruauté. Jamais on n'avait vu et on ne revit un chiffre aussi élevé de victimes en aussi peu de temps.

Dans les trois siècles qui suivirent de 1498 à 1808 il s'éleva à 24.238. C'est donc un total de 34.658 en 427 ans.

Nous empruntons ces chiffres à Llorente, hostile à l'Inquisition qu'il noircit, dont il a brûlé les documents, et qui a été renié par sa patrie. Nous ne parlons pas des condamnés à la prison.

Or sait on le nombre des victimes auxquelles l'Inquisition jacobine, appelée la Révolution française, a ôté la vie ? Le voici :

Sous l'Assemblée constituante	3.500
Sous l'Assemblée législative	8.044
Sous la Convention	18.613

Total : 30.157 guillotinés en six ans.

En dehors de ces victimes à Paris, Marseille, Toulon, Brest, etc., il y eut, rien qu'à Nantes, sous le proconsulat de Carrier :

Femmes, enfants et prêtres fusillés	1.064
Femmes, enfants et prêtres noyés	2.460
Nobles noyés	1.400
Artisans contre révolutionnaires noyés	5.300
Par toute la France le chiffre des suicidés, sous la Terreur est de	4.790
Celui des femmes mortes de couches prématurées pour la même cause	3.400
Celui des individus morts en prison plus de	6.000

Tout cela forme un total d'environ 54.000 morts violentes *en six ans :* vingt mille de plus que par l'Inquisition d'Espagne *en six siècles.*

La Révolution fut une boucherie et la France un abattoir.

Mais ce n'est pas tout.

Louis Prudhomme donne cette liste des émigrés fuyant la mort : 15.949 nobles, 9.130 femmes nobles, 28.729 prêtres, 4.321 religieuses, 7.847 négociants, 9.224 propriétaires, 2.867 hommes de loi, 3.268 cultivateurs, 25.729 artisans, 2.724 domestiques, 2.987 enfants des deux sexes, 868 médecins ou chirurgiens, 552 banquiers ou notaires, etc., etc..

Aux victimes de tout genre, il faut ajouter les vols, les incendies, la suspension des affaires et des études, la misère générale, la ruine de l'instruction gratuite, par suite de l'assassinat ou de l'émigration de 30.000 prêtres et de 5.000 religieuses.

Tel est le bilan de la Révolution française.

Les travaux de Renan, de Taine, de Biré, de Rocquain, de Victor Pierre ont fait la lumière sur cette époque de boue et de sang appelée justement LA TERREUR.

« *Elle fut due*, dit Renan, *à la collaboration de tous les crimes et de toutes les insanités, l'œuvre de tous et de scélérats.* »

Taine dit à son tour : « La Convention, assemblée de lâches, dominée par des brigands, fut elle-même à la merci de la fange et de l'écume ordinaire des grandes villes, qui a obtenu la reddition de la Bastille, et fait le 10 août. Toute la canaille, tous les voleurs que Paris recèle et que la faction a enrôlés, forme l'arrière-garde. Les femmes perdues en sont, et avec elles, les voleuses et les prostituées que les septembriseurs ont élargies, puis enrôlées aussi.

« Cette vermine anti-sociale grouille aux séances de l'Assemblée, de la Commune, des Jacobins et du Tribunal révolutionnaire. Tel est le peuple qui règne sur

Paris et la France : 5.000 brutes et vauriens et 2.000 drôlesses. »

On devine l'état social sorti d'une telle période.

Chateaubriand disait : « Il est temps enfin de s'effrayer sur l'état où nous avons vécu depuis la Révolution. Qu'on songe à la race qui s'élève dans nos villes et nos campagnes, à tous ces enfants qui n'ont jamais entendu parler de Dieu, ni de l'immortalité de leur âme, ni des peines et des récompenses de l'autre vie ? Qu'on songe ce que peut devenir une pareille génération si on ne se hâte d'appliquer le remède sur la plaie. Les papiers publics retentissent des crimes commis par de petits malheureux de 11 à 12 ans. Les paysans eux-mêmes se plaignent des vices de leurs enfants. »

Mais est-il besoin d'autre chose que des noms propres et des faits qui symbolisent la Révolution pour en provoquer l'exécration et le mépris ?

Quand on est du côté des Marat, des Hébert, des Carrier, des Saint-Just, des Fouquier-Tinville, des Robespierre et des Danton, qui se sont entretués, quand on a, dans son dossier, les noyades de Nantes, les mitraillades de Lyon, les massacres des Carmes et de Quiberon; quand on a dans son camp, les imitateurs et les héritiers de ce régime, sous la Commune, les meurtriers de Mgr Affre et de Mgr Darboy, on devrait avoir la pudeur de se taire, non l'audace d'accuser qui que ce soit, *même au bagne*, à plus forte raison l'Inquisition.

Sans doute on doit déplorer la cruauté des peines en usage dans la société civile depuis l'antiquité jusqu'alors. Mais la cause première et les torts en reviennent toujours à ceux qui les ont provoqués par leurs agressions et la violation des lois. Ils sont à la fois les coupables et les victimes.

Quant à la rigueur des pénalités elle a son explication et son excuse dans cette pensée de Duclos s'adressant à Beccaria : « La rigueur du châtiment est, dans certaines circonstances, un acte d'humanité à l'égard de la société qu'elle préserve. »

Si regretables qu'aient été ces cruautés *elles ne sont rien auprès des crimes de la Révolution* qu'on ose glorifier, et elles ne peuvent être imputées à l'Eglise, qui les a condamnées.

La tolérance et la mansuétude sont les attributs naturels de la religion et de l'Eglise son organe. En concourant avec la société civile, à la recherche et à la poursuite des coupables, l'Eglise avait surtout pour rôle, d'obtenir par la persuasion, leur repentir et de les sauver du bras séculier, ce qui arrivait souvent... Ceux qui croient voir, dans l'Inquisition, un tribunal ecclésiastique et cruel, se trompent donc doublement. Pour la juger équitablement il faut se pénétrer des vérités que voici :

1° L'inquisition fut établie à la demande des princes temporels par le Pape, et avec le concours de l'Eglise ;

2° Les tribunaux étaient composés de clercs et de laïques. Les clercs remplissaient l'office de jurés, les laïques celui de juges qui prononçaient et appliquaient les peines édictées par la société civile.

3° Les Papes se sont élevés constamment contre les abus et les cruautés commis en Espagne ; ils en ont quelquefois excommunié les auteurs. Ils encouragèrent les napolitains à résister à Charles Quint qui voulait établir l'Inquisition à Naples.

Il ne faut pas oublier que l'Inquisition, en Espagne, fut un tribunal politique contre les Maures et les Juifs, ennemis mortels du royaume.

4° A Rome le tribunal du Saint Office, fondé en 1542, ne signa jamais une condamnation capitale. Bergier l'a affirmé devant le XVIII° siècle attentif, sans être contredit. Depuis, les anti-cléricaux italiens lui ont

attribué la mort de Giordano-Bruno. C'est une erreur
démontrée par Théophile Desdouits.

Cette simple énumération montre le peu de fonde-
ment des accusations formulées contre l'Eglise par ses
adversaires trompés ou de parti-pris.

Le nombre de ceux-ci est incalculable, leur influence
énorme.

Aujourd'hui la France chrétienne est la proie de cent
mille Juifs et vingt-cinq mille francs-maçons qui
l'exploitent et la trahissent. Ces bénéficiaires de la Révolution occupent plus de la moitié des sièges à la
Chambre des députés et au Sénat. Ils disposent des mi-
nistères, des banques et de la presse. Grâce à eux l'opinion publique est achetée ou faussée par l'ignorance
ou la calomnie. L'agiotage et la fourberie triomphent.
Jamais le vol, l'assassinat et les suicides ne furent si
communs. Il en est de même des scandales financiers.
Les noms des Cornélius Herz, des Arton, des Rouvier,
des Floquet, des Burdeau, des Eiffel, des Reinach, des
Clémenceau, des Dreyfus, des Zola semblent personnfier
notre lamentable époque !

Voilà où en est tombée la France chrétienne sans
cesse grandissante aux temps cléricaux, de Charlemagne à Louis XIV.

Devant cette décadence Renan dit, un jour, à Déroulède : *La France est une nation qui se meurt ; ne la dé-
rangez pas dans son agonie.*

Déroulède, indigné, lui répondit : « *S'il est vrai que
la France soit menacée d'une fin prochaine, il est du devoir de tous ses enfants de travailler à la relever et à la
guérir.* »

Le but de l'Inquisition avait été précisément de pré-
server les peuples de la décadence inhérente à l'enva-
hissement de l'erreur et de l'irréligion.

Elle y avait réussi en grande partie en sauvegardant

2

les mœurs jusqu'à la Renaissance, en sauvegardant la foi contre l'hérésie protestante en France, en sauvegardant l'union nationale contre les partis qui nous divisent et nous exploitent aujourd'hui. Il en avait été de même en Espagne. Sa foi ardente avait fait son unité, sa force et sa grandeur sous Charles-Quint.

Au contraire, en Angleterre et en Allemagne, où l'erreur et les passions anti-religieuses étaient plus libres, moins comprimées, elles ont triomphé. Il a été facile à Luther, à Calvin, à Henri VIII, dont nous avons montré la vie honteuse et déréglée (1), de faire accepter leurs erreurs aux peuples, en les affranchissant du joug sévère de la religion catholique, et aux princes en les affranchissant de la suprématie spirituelle de l'Eglise.

Même à part le recours aux armes et à l'assassinat par les protestants il n'est pas, dans l'histoire, d'épisode plus coupable et plus honteux, pour celui qui l'a étudié à fond, que celui qu'ils ont osé qualifier de *Réforme*. Devant la conduite de Henri VIII, du Landgrave de Hesse, de Luther, de Calvin, de Théodore de Bèze, de Wiclef, de Jean Huss, etc., cette appellation est d'un cynisme révoltant. Elle fait pendant à l'expression de *Renaissance* appliquée au retour des mœurs païennes et du pouvoir despotique.

Aujourd'hui une réaction s'opère. Des millions de conversions de nos frères séparés ont lieu, en Angleterre, en Allemagne, en Amérique, en Russie, partout. En rendant hommage à la seule véritable Eglise fondée par Jésus-Christ, elles condamnent l'hérésie protestante, et justifient, en même temps, la pensée première de l'Inquisition.

(1) *L'Eglise et les Protestants*. Librairie Bloud et Barral.

Ceux qui accusent l'Eglise d'être hostile à la liberté ont donc contre eux, l'histoire. C'est l'Eglise qui l'a apportée au monde. Elle ne combat que la liberté du mal et du faux.

Après avoir conquis la confiance des peuples par trois siècles de martyrs sous le paganisme, puis par trois autres siècles de services sous les barbares, elle a été l'apôtre et le défenseur de la liberté pendant dix siècles. Nous avons vu ses services au point de vue de la morale et de la science.

Lorsque son influence a diminué, sous la Renaissance sceptique et licencieuse, l'histoire atteste que les libertés ont diminué dans la même proportion.

Depuis la Révolution, sous l'Etat moderne, c'est pire encore. Ecoutez Taine.

« La liberté civile, dit-il, la distinction des pouvoirs politiques et religieux, la liberté de la conscience, *tous ces droits conquis par l'Eglise pendant des siècles*, tout cela est anéanti, dévoré par ce sphynx moderne qu'on appelle *l'Etat*, unité abstraite, tyrannique, accaparant tout : religion, justice, enseignement, aussi bien que l'administration et l'armée. *C'est la plus grande machine de despotisme qui ait jamais été rêvée sous l'étiquette menteuse de liberté.* »

Eh bien, au moment où nous écrivons ces lignes le gouvernement fait fêter le centenaire de Michelet qui a fondé la *religion de la Révolution*, dit M. Brunetière.

Michelet fut chrétien lors de son voyage à Pise, Florence et Rome. Sa correspondance le prouve. Il baisait la Croix du Colysée en disant : *c'est la Croix qui a sauvé le monde.*

Il disait alors, en parlant de l'œuvre de Voltaire et de Rousseau : *Pardonnez-leur, mon Dieu.*

Il appelait la sorcellerie si répandue sous la Renaissance la reprise de l'orgie païenne, *la réaction des*

passions contre l'ascétisme du Moyen-Age. Il glorifie
celui-ci en disant : On y voit s'organiser, en face l'un
de l'autre, *l'empire de Dieu et l'empire de l'homme ;* d'un
côté *la force matérielle, de l'autre la parole et l'esprit :*
dans l'Eglise l'esprit dominant la force (1).

Ensuite Michelet fut sceptique et sensualiste, comme
la Renaissance. Enfin il a voulu substituer le culte de
la Révolution à celui de Jésus. On n'en est pas étonné
quand on sait que ce *chrétien* mettait Rabelais au-
dessus du Christ, et que *ce patriote* exaltait Frédéric
de Prusse et dénigrait Napoléon qu'il appelait le *petit
Foutriquet.*

On comprend que Sainte-Beuve ait dit de lui, sans
contester son talent d'écrivain : *Michelet ne mérite pas
l'outrage, non, il ne mérite que le sourire.*

Voilà l'écrivain exalté par les anti-cléricaux. Il est
vrai que c'est aussi le règne des Dreyfusards et des
Zola. C'est logique. On n'exclut que les cléricaux qui
ont fait le renom de la France, sa grandeur et sa gloire.
« *Il faut,* disait Madier de Montjeau, *chasser les catholiques non seulement de l'enseignement de l'Etat, mais
de tout enseignement. Si nous ne pouvons pas encore les
chasser légalement, il faut les tuer pratiquement par
une guerre implacable.* »

Edgar Quinet disait à son tour : « Il faut arracher à
l'Eglise catholique l'empire des âmes ; et dans ce but,
*lui enlever graduellement toute liberté, lui refuser tout
droit, la discréditer, la mettre hors la loi, l'écraser enfin
par la force, par la force aveugle s'il le faut* ».

Voilà le libéralisme de nos adversaires ! Nous *écraser
par la force,* nous *tuer pratiquement,* n'est-ce pas la
plus formidable des Inquisitions, non plus contre des

_____

(1) Introduction à l'histoire naturelle.

milliers d'adversaires, mais contre des centaines de millions ?

Jules Simon répondait à ces despotes maniaques : « *Vous ne pouvez pas supporter qu'il y ait des hommes libres, indépendants, qui ne pensent pas comme vous. Vous perdez la liberté et la République.* »

Ils ne perdront pas la France. Le Kulturkampf a été battu en Allemagne. Chez nous l'anti-cléricalisme jouit de son reste. Les Clémenceau, les Jaurès, les Zola, les Brisson, les Bourgeois sont démasqués. La France se réveille au souvenir des génies chrétiens, de Bossuet, Fénelon, Pascal, Descartes, Leibnitz, Newton, Képler, jusqu'à Ampère, Châteaubriand, Guizot, Cantu, Montalembert, De Falloux, Lacordaire, Le Play, Secchi, Leverrier, Donoso Cortès, Lapparent, Pasteur, etc., les plus hautes intelligences et les plus belles âmes.

L'INQUISITION

I

Quand on accuse l'Eglise d'avoir voulu empêcher, par l'Inquisition, la liberté de conscience et imposer la foi par la force, on l'accuse d'une fausseté et on dit une sottise. L'Eglise sait mieux que personne que la foi ne s'impose pas par la force, elle qui depuis dix-huit siècles, envoie ses missionnaires, au péril de leur vie, pour convertir les infidèles par la parole et la persuasion.

On déplace à dessein la question, on joue sur les mots en attribuant ce but à l'Inquisition.

Elle était, dit l'abbé Canet, dans son bel ouvrage: *La liberté de conscience*, un tribunal; c'est-à-dire une des formes publiques du droit qu'a toute société de punir les actes contraires au bien général de la collectivité, ou aux droits particuliers et légitimes de ses membres.

Or un tribunal, quels que soient sa constitution et l'objet de sa compétence, ne peut juger que des actes extérieurs parce qu'il ne peut connaître, apprécier et juger que d'après les dépositions de témoins, à qui les faits internes de l'âme échappent essentiellement.

Le but des tribunaux de l'Inquisition établis chez la plupart des nations chrétiennes au Moyen-Age, était donc et ne pouvait être que de rechercher et de réprimer *les actes*, c'est-à-dire les manifestations extérieures tendant au renversement de la religion, jamais d'imposer la foi par la force.

Dans l'Inquisition, le concours de l'Eglise a été réel, et même actif. Il s'agit de savoir dans quel sens, et de déterminer la part de responsabilité qui lui revient.

On a accumulé sur ce sujet, grâce à l'ignorance, les préjugés, les calomnies, les équivoques. Essayons de débrouiller un peu ce chaos pour nos lecteurs de bonne foi. Ils verront qu'ici, comme toujours, l'Eglise n'a qu'à gagner à une enquête sincère.

Son rôle personnel, en tant qu'Eglise, fut irréprochable. Mais il faut la distinguer de ceux de ses membres qui, par un penchant dur ou cruel, faussèrent son esprit et violèrent ses préceptes. Il y en eut bien moins qu'on ne se l'imagine.

Il faut la distinguer, surtout, des pouvoirs civils qui, seuls, édictaient et appliquaient les peines encourues pour cause d'hérésie.

Il suffit à notre thèse qu'on ne puisse imputer à l'Eglise, en général, c'est-à-dire aux Papes, ni aux Conciles, les horreurs, les supplices, les cruautés inutiles qui, pour beaucoup de personnes, symbolisent l'Inquisition. Quant aux individualités coupables, nous les abandonnons à la réprobation qu'elles méritent. Notre but est seulement de montrer la légitimité du principe de l'Inquisition en lui-même.

En comparant le rôle de l'Eglise et celui des princes dans cette institution, on reconnaîtra, avant tout, que l'unique mobile, de part et d'autre, fut la défense de la religion et de la société, une grande et sincère sollicitude pour les intérêts moraux. Mais dans la lutte inévitable qui s'ensuivit entre la miséricorde et la justice, l'Eglise fut spécialement l'inspiratrice de la première, l'Etat l'avocat de la seconde. Encore peut-on invoquer, à la décharge de celui-ci, même en face des châtiments les plus terribles, en face des *autodafés* et des *chambres ardentes*, l'horreur profonde qu'inspiraient alors l'impiété, le blasphème, les profanations, le sacrilège et l'hérésie, ainsi que l'espoir qu'on avait de les arrêter par l'appareil effrayant des supplices. L'Inquisition se proposait un but moral ; si elle combattait la liberté du mal et du faux, elle le faisait pour le salut des âmes et de la société, non pour l'avantage d'un homme ou d'un pouvoir quelconque. Que de tortures, dans l'histoire, n'ont pas cette excuse !

Enfin c'est ici le cas d'appliquer la règle posée quelque part par M. Thiers, qu'il est injuste de juger les faits et les institutions d'une époque avec les idées d'une autre.

Nous demandons, pour les tribunaux de l'Inquisition, le bénéfice de cette observation.

Tout le monde, aujourd'hui, trouverait odieux les châtiments infligés autrefois aux *crimes religieux*, et qui, alors, étaient les châtiments communs pour tous les crimes. Tout le monde, *excepté l'Eglise*, les trouvait naturels à cette époque, mélange de rudesse et de foi vive. Il en doit être autrement à notre époque de mollesse et de scepticisme. Parce qu'ils sont indifférents à la religion, parce qu'ils ne croient plus guère à rien qu'à la fortune, aux affaires, au plaisir et à la cuisine, nos contemporains se croient naïvement plus tolérants que leurs ancêtres. Mais ils sont plus intolérants quand il s'agit d'attaquer la religion, qu'on ne l'a jamais été pour la défendre. Leur vue est si courte et leur jugement si faux, qu'ils trouveront naturel qu'on punisse de la prison un pauvre diable qui aura dérobé une pièce de monnaie, tandis qu'ils ne comprendront pas qu'on châtie les malfaiteurs intellectuels qui pervertissent l'esprit public et préparent les cataclysmes sociaux.

Pourtant Royer-Collard l'a dit : « Pour tout esprit philosophique les mauvaises doctrines sont moins pardonnables que les mauvaises actions. »

Ce sont elles qui engendrent celles-ci.

C'est l'erreur, plus que le vice, qui a perdu les peuples, dit Le Play. Le grand mal vient des sophistes.

Empruntons d'abord au P. Lacordaire une éloquente exposition du sujet. Nous avons déjà rapporté, dans notre Introduction, ces lignes :

« L'Inquisition, est un tribunal établi autrefois dans quelques pays de la chrétienté par le concours de l'autorité ecclésiastique et de l'autorité civile, pour la recherche et la répression des délits qui tendent au renversement de la religion. »

Le P Lacordaire ajoute :

« L'Inquisition ne consiste pas dans les lois pénales établies contre la profession publique de l'hérésie, et en général, contre les actes extérieurs destructifs de la religion. Depuis mille ans des lois semblables étaient en vigueur dans la société chrétienne. Constantin et ses successeurs en avaient publié un grand nombre qu'on peut lire dans le code Théodosien, toutes appuyées sur cette maxime que *la religion étant le premier bien des peuples, les peuples ont le droit de la placer sous la même protection que les biens, la vie et l'honneur des citoyens.*

« Avant les temps modernes, cette maxime passait pour incontestable. Toutes les nations de la terre l'avaient mise en pratique. Aujourd'hui même, la liberté religieuse n'existe qu'en deux pays, aux Etats-Unis et en Belgique. Partout ailleurs, sans en excepter la France, l'ancien principe domine, quoique affaibli dans l'application. On croyait et presque tout l'univers croit encore que la *société civile* doit empêcher les actes extérieurs contraires à la religion qu'elle professe, et qu'il n'est pas raisonnable de l'abandonner aux attaques du premier venu qui a assez d'esprit pour soutenir un dogme nouveau.

« C'est en ce sens qu'a jugé la Cour de cassation, même après 1830, lorsqu'elle a décidé que la Charte ne donnait pas droit à qui voulait d'ouvrir un temple et de fonder une chaire religieuse.

« Le principe ancien subsiste donc dans la jurisprudence interprète de nos lois. La magistrature française juge aujourd'hui, en ces matières, comme jugeait la magistrature du Bas-Empire et du Moyen Age ; comme jugent les mandarins chinois qui font étrangler nos missionnaires. Et peut importe que la pénalité soit

adoucie, car elle l'est également pour tous les autres
crimes. Adoucir une pénalité, ce n'est pas déclarer
innocent le fait qui en est atteint, ce n'est pas surtout
le déclarer libre. Reste donc à la France la responsabilité du principe d'où est née l'Inquisition.

« Jusqu'à la fin du XIIIᵉ siècle, les attentats religieux
étaient poursuivis et jugés par les magistrats ordinaires. L'Eglise frappait une doctrine d'anathème ;
ceux qui la propageaient opiniâtrément... étaient re-
cherchés et condamnés par les tribunaux de droit
commun...

« Mais à côté de ce fait social de la répression des
hérétiques, se développait un autre élément d'origine
toute chrétienne, l'élément de la douceur à l'égard des
criminels et surtout à l'égard des criminels d'idées.

« Tous les chrétiens étaient convaincus que la foi est
un acte libre, dont la persuasion et la grâce sont la
source unique ; tous disaient avec saint Athanase : *Le
propre de la religion est de persuader, non de con-
traindre*. Mais ils n'étaient pas d'accord sur le degré de
liberté qu'il fallait accorder à l'erreur. Cette question
leur paraissait toute différente de la première ; car autre
chose est de ne pas violenter les consciences, autre
chose de les abandonner à l'action arbitraire d'une
force intellectuelle mauvaise.

« Ceux qui souhaitaient la liberté absolue parlaient
ainsi par la bouche de saint Hilaire, évêque de Poitiers :
« Qu'il nous soit permis de déplorer la misère de notre
« âge, et les folles opinions d'un temps où l'on croit
« protéger Dieu par l'homme, et l'Eglise du Christ par
« la puissance du siècle. Je vous prie, ô évêques qui
« croyez cela, de quels suffrages se sont appuyés les
« Apôtres pour prêcher l'Evangile ? Quelles armes ont-
« ils appelées à leur secours pour prêcher Jésus-
« Christ ?... »

« Saint Augustin, qui avait appartenu d'abord à
cette école, s'adressait dans le même esprit aux mani-
chéens. « Que ceux-là sévissent contre vous, disait-il,
« qui ne savent pas avec quel labeur la vérité se dé-

« couvre, et combien péniblement on échappe à l'er-
« reur !... que ceux-là sévissent contre vous que n'a
« pas trompés l'erreur qui vous trompe ! »

« Saint Augustin passa plus tard à l'école opposée.
Les fureurs des Donatistes d'Afrique en furent la
cause. Il crut être redevable à l'expérience de deux
vérités que la méditation de l'Évangile ne lui avait
point apprises, savoir : *que l'erreur est essentiellement
persécutrice*, et n'accorde jamais à la vérité que le
moins de liberté possible ; et en second lieu, *qu'il y a
une oppression des intelligences faibles par les intelligences fortes*, comme il y a une oppression des corps
débiles par les corps robustes. D'où il concluait que la
répression de l'erreur est *une défense légitime* contre
deux tyrannies : la tyrannie de la persécution et la tyrannie de la séduction.

« Néanmoins, cette seconde école était travaillée
comme la première, quoique à un moindre degré, par
le besoin ineffaçable de la mansuétude chrétienne ; et
saint Augustin écrivait à Donat, proconsul d'Afrique,
ces paroles remarquables au sujet des hérétiques les
plus atroces qui furent jamais : *Nous désirons qu'ils
soient corrigés mais non mis à mort.* Qu'on ne néglige
« pas à leur égard *une répression disciplinaire*, mais
« aussi qu'on ne les livre pas aux supplices qu'ils ont
« mérités. Si vous ôtez à ces hommes la vie, pour leurs
« crimes, vous nous détournerez de porter à votre tri-
« bunal des causes semblables ; et alors l'audace de
« nos ennemis, portée à son comble, achèvera notre
« ruine par la nécessité où vous nous aurez mis
« d'aimer mieux mourir de leurs mains que de les dé-
« férer à votre jugement. »

« C'est en vertu de ces maximes que saint Ambroise
et saint Martin de Tours refusèrent constamment leur
communion aux évêques qui avaient pris part à la
condamnation des Priscillianistes.

« On voit donc l'Église placée, dans cette question,
entre deux extrémités : la liberté absolue de l'erreur, ou
sa poursuite à outrance par le glaive inexorable de la

loi civile. *Quelques-uns de ses docteurs penchent pour le premier parti, aucun pour le second;* quelques-uns pour la douceur sans bornes, aucun pour la pénalité impassible et illimitée. L'Eglise est crucifiée, là, entre deux appréhensions également terribles. Si elle laisse à l'erreur toute latitude, elle craint *l'oppression de ses enfants ;* si elle réprime l'erreur par l'épée de l'Evêque du dehors, elle craint d'opprimer elle-même : il a du sang partout...

« Dès que l'Eglise le put, elle songea à sortir de cette situation. La phrase de saint Augustin avait eu le temps de mûrir : « *Nous désirons qu'ils soient corrigés* « *mais non mis à mort;* qu'on ne néglige pas, à leur « égard, une répression disciplinaire mais aussi « qu'on ne les livre pas aux supplices qu'ils ont méri- « tés. »

« Le Pontificat conçut un dessein dont le xix° siècle se glorifie beaucoup, mais dont les Papes s'occupaient déjà il y a six cents ans, celui d'un *système pénitentiaire.*

« Il n'y avait pour les fautes des hommes, que deux sortes de tribunaux en vigueur, les tribunaux civils et les tribunaux de la pénitence chrétienne. L'inconvénient de ceux-ci était de n'atteindre que les pécheurs apportant volontairement l'aveu de leurs fautes; l'inconvénient de ceux-là, qui avaient la force en main, était de ne posséder aucune puissance sur le cœur des coupables, de les frapper d'une vindicte sans miséricorde. Entre ces deux tribunaux le Pape voulut établir un tribunal intermédiaire, un tribunal *qui pût pardonner, modifier la peine même prononcée, engendrer le remords dans le criminel, et faire suivre pas à pas le remords par la bonté;* un tribunal qui changeât *le supplice en pénitence...* et n'abandonnât ses justiciables au bras fatal de la justice humaine, qu'à la dernière extrémité : ce tribunal *exécrable,* c'est l'Inquisition ; non pas l'inquisition espagnole, corrompue par le despotisme des roi d'Espagne, mais l'inquisition telle que les Papes l'avaient conçue, telle qu'après beaucoup d'essais et

d'efforts ils l'ont enfin réalisée, en 1542, dans la *Congrégation romaine du Saint-Office...* (1). »

Nous avons tenu à donner en entier cette longue ci-
tation, qui reflète admirablement l'esprit de l'Eglise,
l'esprit réel qui a présidé, de sa part, à l'institution de
l'Inquisition.

Sans doute elle avait pour but de châtier les agresseurs de la religion, c'est là l'office de tous les tribunaux dans tous les temps et tous les partis, mais par
des peines légales et modérées, et seulement dans la
mesure nécessaire à la défense de la religion et de la
société.

Si, trop souvent, malgré cela, ces intérêts supérieurs
servirent de voile aux passions humaines, au fanatisme individuel, aux vengeances personnelles et
même à la cupidité des princes qui se crurent tout
permis et n'écoutèrent personne, nous nous joignons à
toutes les âmes honnêtes qui les flétrissent. Ici encore,
nous verrons les protestations des Papes.

Les abus nés des instincts mauvais ou cruels innés
dans l'homme, faussèrent ou firent dégénérer l'idée in-
trinsèque de l'Inquisition ; mais rien n'était plus naturel et plus juste que son principe. Peuples et gouvernements étaient d'accord pour défendre leur foi
contre les attaques d'hérétiques violents et pervers. La
preuve, c'est que ce sont les princes qui, les premiers, guidés par la raison d'Etat, établirent chez eux
l'Inquisition. Des Papes mirent quelquefois obstacle à
son établissement et leur arrachèrent des victimes ; on
va le voir.

(1) LACORDAIRE, *Mémoire pour les Frères prêcheurs.*

II

La première apparition de l'idée d'une juridiction spéciale destinée à poursuivre les hérétiques remonte au xiie siècle, au concile de Vérone en 1184, à la demande de Frédéric Barberousse.

L'origine effective de l'Inquisition date de 1203. Le Pape Innocent III, effrayé des progrès de l'hérésie dans le midi de la France, confia à deux moines de l'ordre de Citeaux l'instruction contre les hérétiques. En 1204 le Pape nomma grand Inquisiteur en Languedoc, son légat Pierre de Castelnau qui fut assassiné, en 1208, par les hérétiques. Saint Dominique prêchait alors dans le Languedoc, en compagnie de l'évêque d'Osma.

Il fonda l'ordre des dominicains qui fut approuvé par le Pape Honorius III en 1216. Il avait pour mission de fournir des défenseurs à l'orthodoxie *par la parole et la persuasion*. On a attribué à tort à cet ordre et à ses fondateurs les fonctions et le rôle d'inquisiteurs.

Le concile de Latran en 1215, et celui de Toulouse en 1219, firent de l'Inquisition un tribunal permanent. En 1233 Grégoire IX lui conféra une grande autorité. En 1255, dans la conférence de Melun, le roi saint Louis, lui donna une sanction temporelle.

L'Inquisition fut successivement établie en Languedoc, en Provence, en Lombardie en 1224, en Catalogne, en 1232, en Aragon en 1233, dans la Romagne en 1252, dans la Toscane en 1258, à Venise en 1289, où elle devint une institution *politique* à partir de 1254.

Elle fut établie en Espagne en 1481 à la demande d'Isabelle et de Ferdinand, et en 1536 en Portugal, *sur les instances réitérées* du roi Jean III.

Elle fut suspendue en France après l'hérésie des Albigeois.

L'influence des tribunaux institués par la royauté annihila l'autorité des inquisiteurs ecclésiastiques. Aussi l'Inquisition fonctionna-t-elle à peine dans le nord de la France, sauf dans deux procès restés célèbres : celui des Templiers, à Sens, sous l'influence de Philippe le Bel qui s'enrichit de leurs dépouilles ; et celui de Jeanne d'Arc à Rouen, sous l'influence du traître Cauchon vendu aux Anglais. Devant les tribunaux purement ecclésiastiques, ils n'eussent pas été condamnés.

L'Empereur Frédéric II fulmina des peines temporelles contre les hérétiques. Il veut, en Lombardie qu'ils soient livrés aux flammes ou privés de la langue. Il ordonne à *ses officiers* de faire des enquêtes contre les hérétiques même sans dénonciation préalable, et sur de simples soupçons, mettant l'hérésie au nombre des *crimes publics* (inter cœtera *publica crimina*). Il la considère, même, comme plus grave que le crime de lèse-majesté.

Il est digne de remarque que Frédéric II est vanté par la presse irréligieuse, à cause de ses luttes avec la Papauté, où effectivement il dépassa en violence, en fourberie, en immoralité, l'empereur Henri IV. Cela n'atteste que mieux la part directe, personnelle, intéressée, que prenaient les princes temporels à la répression de l'hérésie, comme nous le disons.

Charles-Quint, dans son testament, le montre clairement. Il y dit, en parlant de son fils Philippe II : « Je lui recommande surtout de combler de faveurs et d'honneurs l'office de la sainte Inquisition. » Il ajoute dans un codicile : « Je lui demande instamment... de se rappeler une chose de laquelle dépend le salut de l'Espagne, savoir, de ne laisser jamais les hérétiques impunis, et, pour cela, de combler de faveurs l'office de la sainte Inquisition, dont la vigilance... conserve la religion chrétienne. »

La part plus que prépondérante des divers gouvernements dans l'établissement de l'Inquisition, chez eux, est donc notoire. Le traducteur espagnol de l'*Histoire universelle* du comte de Ségur en donne la raison politique élevée.

« La religion, dit-il, était non seulement un lien entre Dieu et l'homme, elle était, *au point de vue social,* un élément d'union, de conservation, de gouvernement ; elle concentrait, en elle, tous les principes conservateurs.

« .....Il était donc nécessaire, *politique,* de promulguer des lois contre les transgresseurs de la religion. Ces lois furent sévères, car l'hérésie était aux yeux de tout le monde, non seulement un crime envers Dieu, mais *un crime de haute trahison contre l'Etat.* Ce fut donc un devoir de faire la guerre aux hérétiques *par la même raison que toute puissance la fait à ses ennemis.*

« Le christianisme ne soutenait pas ces hostilités par lui-même et pour lui-même, CAR IL NE RECONNAIT D'AUTRES ARMES QUE LA PERSUASION : c'était la société qui défendait *en lui* son dernier lien. Quiconque méditera sur cette vérité pourra réduire à leur juste valeur les diatribes et les sarcasmes des philosophes du XVIIIᵉ siècle, contre l'intolérance et le fanatisme, contre les guerres et les supplices qui en furent la suite. On verra que ces tristes châtiment n'eurent d'autre motif que la DÉFENSE SOCIALE (1). »

(1) Cité par Cantu, *Histoire universelle,* t. XI, p. 167.

III

Quand il s'agit de l'Inquisition, une triple erreur s'empare de l'esprit. La foule s'imagine que le prêtre intervenait : 1° à titre de *juge* ; 2° à titre *d'exécuteur* ; 3° enfin que l'Eglise et le Pape tenaient tous les fils de cette institution.

Autant de suppositions fausses. On confond les juridictions et les responsabilités.

Dans les tribunaux d'inquisition, le prêtre ne remplissait d'autre office *que celui de nos jurés dans nos Cours d'assises.* Les juges civils ne lui posaient que cette question : Oui ou non, l'accusé est-il coupable de tel crime ou délit religieux *prévu et puni par nos lois civiles?* C'est-à-dire est-il réellement apostat ou hérétique relaps? Le rôle du prêtre dans les tribunaux de l'Inquisition peut être comparé encore à celui du médecin aliéniste appelé devant les cours d'assises pour constater l'état mental de l'accusé, et par suite sa responsabilité morale. Dans ce cas, le médecin n'est nullement responsable de la condamnation que peut entraîner son jugement médical.

De même, selon la réponse du prêtre, les magistrats appliquaient la peine édictée par la société civile ou renvoyaient l'accusé des fins de la plainte. Les membres ecclésiastiques des tribunaux de l'Inquisition n'étaient donc pas plus responsables des suites de leur déclaration que ne le sont aujourd'hui les jurés de France ou

d'Angleterre, ou les médecins aliénistes qui déclarent
que l'accusé, étant sain d'esprit, a la responsabilité de
ses actes.

« Le coupable, par cela seul qu'il était reconnu hérétique, dit César Cantu, n'appartenait plus à l'Eglise.
A dater de ce moment il devenait *criminel d'Etat*, et
l'Etat n'exécutait pas une sentence de l'Inquisition,
mais appliquait la peine établie par la société civile (1). »

Voilà pour le premier point.

Quant à l'exécution de la peine, le prêtre y était tout
à fait étranger. Son rôle se bornait à celui de nos au-
môniers des prisons qui assistent le condamné jusqu'à
l'échafaud, l'exhortant au repentir et à l'espérance, en
lui parlant de la miséricorde divine qui suit l'expiation
acceptée. Ceux qui se font une autre idée du rôle habi-
tuel du prêtre dans l'Inquisition prennent des pamphlets
pour de l'histoire ou leur imagination pour la réalité.

Voilà, sur les deux premiers points, ce qu'était le
rôle *légal* des ecclésiastiques dans l'Inquisition. Quant
aux abus qui ont pu s'y introduire et s'y commettre,
comme dans toutes les institutions humaines, ils sont
malheureusement incontestables, bien qu'il soit moins
facile qu'on ne croit de les préciser. Jusqu'à présent,
on n'a guère, à cet égard, que des déclamations pas-
sionnées, mais pas une histoire générale, savante et
consciencieuse. Elle reste encore à faire.

(1) *Les hérétiques d'Italie*, t. I, p. 193.

IV

Il n'existe d'histoire sérieuse de l'Inquisition que celle d'Espagne par Llorente. C'est sur ce thème que les ennemis de l'Eglise ont brodé leurs variations perfides.

Or, qu'était Llorente !

Un prêtre espagnol, apostat lui-même, qui avait, par conséquent, intérêt à décrier l'Inquisition ; un traître à sa patrie, qu'il livra aux Français en 1811 ; un traître à l'Eglise, qu'il travailla à déchirer par le schisme; traître à l'Inquisition elle-même dont il était secrétaire, et dont il brûla les archives pour la défigurer plus à son aise dans sa partiale histoire.

L'historien allemand et *protestant* Ranke dit de lui : « Nous avons, sur l'Inquisition, un livre fameux de Llorente... Cet auteur écrit dans l'intérêt du parti français en Espagne, dans l'intérêt du gouvernement de Joseph Bonaparte... Dans ce même intérêt, il voit, dans l'Inquisition, une usurpation de la puissance ecclésiastique sur le pouvoir de l'Etat. Cependant il résulte des faits qu'il allègue lui-même QUE L'INQUISITION D'ESPAGNE EST UN TRIBUNAL ROYAL. Ses inquisiteurs étaient des *officiers royaux*. Les rois avaient le droit de les instituer et de les destituer. Parmi les divers *Conseils* qui travaillaient à leur Cour, ils avaient un *Conseil de l'In-quisition*. Les Cours d'Inquisition étaient soumises aux *inspections royales*.

« Un jour que le cardinal-ministre Ximénès faisait difficulté de recevoir dans le Conseil un membre nommé par le roi Ferdinand, celui-ci lui répondit : Ne savez-vous pas que si ce Conseil a une juridiction, C'EST DU ROI QU'IL LA TIENT ?

« Enfin toutes les confiscations prononcées par ce tribunal l'étaient au profit du roi. C'était un revenu pour la Chambre royale (1). »

L'Inquisition d'Espagne relevait donc absolument de l'autorité royale. On voit la bonne foi de Llorente sur ce point fondamental, le troisième sur lequel nous avions à contredire et à rectifier l'opinion répandu e.

« On croit, dit le comte de Maistre, que l'Inquisition « était un tribunal purement ecclésiastique ; cela est « faux. On croit que les ecclésiastiques qui siégeaient « dans ce tribunal condamnaient certains accusés à la « peine de mort ; cela est faux. On croit qu'ils les con-« damnaient pour de simples opinions ; cela est faux. « Le tribunal de l'Inquisition était purement royal...

« Tout ce que le tribunal montre d'effrayant, et la « peine de mort surtout, appartient au gouvernement ; « c'est son affaire, c'est à lui et à lui seul qu'il faut en « demander compte. Toute la clémence, au contraire, « qui joue un si grand rôle dans le tribunal de l'Inqui-« sition, est l'action de l'Eglise, qui ne se mêle « de supplices que pour les supprimer ou les adou-« cir (2). »

Ce qu'on ignore généralement, c'est que l'Inquisition avait à juger, non pas seulement les hérétiques, mais aussi les crimes contre nature, les brigands et autres criminels de cette espèce, les séducteurs, les voleurs d'église, les usuriers, etc. (3).

(1) RANKE, *Princes et Peuples*, t. I, p. 24.
(2) Lettres sur l'Inquisition.
(3) ROHRBACHER, *Histoire universelle de l'Eglise*, t. XXII, p. 67.

N'importe, on continuera à calomnier l'inquisition ; c'est un parti pris.

« Pendant la Révolution romaine, en 1849, Sterbini et ses collègues, pour exciter à la haine du gouvernement papal, firent remplir le palais de l'Inquisition d'ossements de prétendues victimes humaines. Il n'était pas facile de s'en procurer de réelles. On y suppléa par des ossements d'ânes, de chiens, de chevaux. La chose fut dévoilée et constatée, on en rit et l'effet fut manqué (1). »

A propos de l'Inquisition d'Espagne l'abbé Canet raconte, dans *La liberté de Conscience*, l'épisode que voici.

L'un des plus grands écrivains modernes de l'Espagne, Mme la comtesse de Bazan, avait désiré voir Victor Hugo. Le poète lui avait parlé de l'Espagne puis pour faire plaisir à quelques radicaux présents, il blâma directement l'Inquisition.

Mme de Bazan rectifia aisément les erreurs du poète, et montra les services qu'avait rendus au pays cette institution dont le développement avait coïncidé avec les grandeurs de l'Espagne en la sauvant des divisions.

Mme Lockroy, qui se trouvait présente, lui dit : *Madame a sans doute appris l'histoire chez les dominicains ?*

L'Espagnol, se levant et la regardant en face, lui répondit : « Je n'ai pas eu l'honneur d'apprendre l'histoire chez les dominicains, car je la saurais, dans ce cas, mieux encore que je ne la sais. J'en sais assez pourtant pour ne pas ignorer qu'il y a eu chez vous, il y a moins d'un siècle, un tribunal révolutionnaire qui a dépassé toutes les horreurs faussement attribuées à l'Inquisition. *Elle n'a pas à se reprocher un crime comparable à l'assassinat d'André Chénier.* » Elle aurait pu ajouter : de Lavoisier et d'autres par centaines.

(1) Edmond LAFON, Rome, *Lettres d'un pèlerin*, t. II, p. 153.

ROME PROTECTRICE DES PERSÉCUTÉS. — INQUISITION DE PORTUGAL

Si ennemi que Llorente soit de Rome, il ne peut cacher que les Papes ont fait tout leur possible pour empêcher l'établissement de l'Inquisition d'Espagne, ensuite pour en diminuer les rigueurs. On peut s'en assurer en le lisant.

Le docteur Héfélé, le savant professeur de Tubingen, dans sa remarquable *Histoire de Ximénès* dit aussi que le Saint-Siège fut alors protecteur des persécutés, ce qu'il a été dans tous les temps.

Il en est de même, ajoute-t-il, pour l'Inquisition de Portugal, et il entre à ce sujet dans quelques détails significatifs.

« Il fallut, dit-il, au roi Jean III quinze ans de négociations avec le Saint-Siège, avant d'obtenir une bulle pontificale pour l'établissement d'un tribunal permanent d'Inquisition.

» A la vérité, Clément VII, le 15 décembre 1531, avait nommé inquisiteur de Portugal l'évêque de Centa, Diego de Sylva ; mais les nouveaux chrétiens, ceux qui descendaient des Juifs et des Maures, et contre qui était surtout dirigée l'Inquisition sollicitée par le roi, représentèrent au Siège apostolique *qu'ils avaient été convertis par la force, qu'on avait baptisé leurs enfants contre leur gré... et enfin qu'on leur avait promis*

*que pendant vingt ans ils ne seraient l'objet d'aucune
enquête.*

« Ces représentations, émanées de personnes mena-
cées d'une violation de la foi jurée, portèrent le Pape,
le 7 avril 1533, à ordonner un pardon général pour les
nouveaux convertis, et comme L'ÉTAT NE VOULAIT PAS
RECONNAITRE CETTE AMNISTIE, il en pressa fortement l'exécution par un nouveau bref.

« Son successeur Paul III donna, le 12 octobre 1535,
une bulle par laquelle, *sous la promesse de l'impunité
pour le passé*, il cherchait à réconcilier les nouveaux
convertis avec l'Eglise. Ce ne fut que le 23 mars 1536
que Jean III, après bien des difficultés, obtint de lui
la bulle pour l'introduction de l'Inquisition en Portugal.
Encore le Pape craignait-il toujours que de mauvais
mobiles, comme la vengeance, la dureté et la cupidité,
ne vinssent à y prévaloir, car il statua que les trois
premières années on emploierait que les procédures
ordinaires des tribunaux séculiers, et *qu'avant dix ans
on ne prononcerait aucune confiscation de biens.*

Les plaintes réitérées des nouveaux chrétiens mon-
trèrent, en effet, que les craintes du Pape étaient fondées. Il ordonna en conséquence qu'aucun jugement ne
fût exécuté avant que son nouveau nonce lui en eût
rendu compte.

Jean III reçut assez mal les ordres du Pape..., insista
pour qu'il les retirât et que l'on continuât les recherches
avec sévérité. On le voit par la réponse de Paul III du
16 juin 1645.

« *L'injustice et la cruauté des inquisiteurs...* dit le
Pontife, l'ont déterminé à envoyer son nonce pour l'in-
former exactement de l'état des choses. Il ne pouvait
comprendre dans une affaire si importante le procédé
du roi, auquel il rappelle la grande responsabilité qui
en résulte pour lui. « Car Votre Sérénité ne doit pas
s'étonner ni s'offenser si, dans une affaire aussi grave,
où il s'agit de la foi catholique ET DE LA VIE DE TANT
D'HOMMES, nous portons notre sollicitude sur les mi-
nistres de l'Inquisition, PARTICULIÈREMENT ELLE EST MAL

FAMÉE, et si nous voulons revoir de temps en temps le compte de leur administration, afin que le sang des victimes ne soit redemandé ni à vous ni à Votre Sénérité. » Le Pape conclut par ces fortes paroles : « Roi excellent dans les autres choses, nous nous étonnons qu'en celle-ci vous soyez si peu semblable à vous-même et à vos ancêtres (1). »

(1) HÉFÉLÉ *Ximénès*, 302-304.

MICHELET, LLORENTE ; LA « RÉPUBLIQUE FRANÇAISE » TORQUEMADA ; JEAN HUSS

Aux témoignages qui précèdent ajoutons, pour certains lecteurs, celui de Michelet et celui de Llorente lui-même.

Le premier reconnaît implicitement que les tribunaux de l'Inquisition étaient à un tel point dépendants des souverains, que Rome adressa souvent en vain des remontrances aux rois d'Espagne à propos de leur sévérité excessive. Ces souverains se retranchaient derrière la raison d'Etat pour refuser d'obtempérer aux observations du Saint-Siège.

Michelet constate que Sixte IV, Innocent VIII, Léon X, rappelèrent aux inquisiteurs espagnols la parabole du bon Pasteur, et que lorsque Charles-Quint voulut introduire l'Inquisition à Naples, le pape Paul III encouragea la résistance des Napolitains, en reprochant à l'Inquisition d'Espagne de *s'éloigner des exemples de douceur que lui donnait celle de Rome* (1).

Enfin voici quelques faits rapportés par Llorente lui-même. « Sixte IV n'ayant pu empêcher l'établissement de l'Inquisition d'Espagne, avertit du moins les inquisiteurs qu'ils ne pouvaient procéder sans l'assentiment des Evêques. Il établit *un tribunal d'appel papal* auquel pourraient recourir ceux qui auraient eu à

(1) *Précis de l'histoire*, p. 50.

souffrir de l'Inquisition, et *cassa et adoucit plusieurs sentences.*

» Malgré les efforts faits par Ferdinand et Isabelle, ainsi que par Charles-Quint pour éluder cette intervention du Saint-Siège, l'histoire a conservé le souvenir de condamnés auxquels ce tribunal d'appel a fait *restituer leurs biens ou leurs droits civils.* Elle nous apprend qu'il a sauvé les fils de ses victimes de l'infamie et de la confiscation.

» Léon X excommunia l'inquisiteur de Tolède, en 1521, *malgré les protestations de Charles Quint...* Il voulait même apporter à l'Inquisition d'Espagne une réforme radicale en la soumettant aux Evêques ; mais Charles-Quint l'en détourna en lui faisant apparaître l'épouvantail de Luther. Plus tard l'éminent érudit Vivès, ayant été condamné comme suspect de luthéranisme, Paul III le déclara innocent et le fit évêque des Canaries. Le célèbre latiniste Marc-Antoine Muret, condamné au bûcher, fut accueilli à Rome, où il enseigna la jeunesse sous la protection du Pape.

Tous ces faits sont rapportés dans l'histoire de l'Inquisition d'Espagne par Llorente.

Dans son chapitre sur l'Inquisition, auquel nous avons fait l'important emprunt qu'on a lu plus haut, le Père Lacordaire rapporte le fait caractéristique de Caranza, archevêque de Tolède, retenu huit ans dans les prisons de l'Inquisition d'Espagne, *malgré les protestations réitérées du pape Pie IV et du Concile de Trente alors assemblé.*

Voltaire écrit que « l'Inquisition fut, en Sicile plus encore qu'en Castille, un privilège de la couronne, et non un tribunal romain ; car, en Sicile, c'est le roi qui est Pape (1). »

Voilà comment l'Eglise avait la haute main dans l'Inquisition. N'importe, les préventions sont là, indéracinables. Les fanatiques antireligieux n'en continueront pas moins leurs déclamations ignorantes et leurs pam-

(1) *Essai sur les mœurs*, ch. cxl.

phlets mensongers. Il y a de ces sujets qui prêtent trop bien au scandale pour qu'ils y renoncent.

Le journal *la République française*, dans son numéro du 16 janvier 1877, page 3, colonne 5, présentait le Pape Sixte IV comme le partisan et le complice des cruautés exercées par l'Inquisition d'Espagne. Et pourquoi ? Parce que c'est lui qui, en 1483, a nommé grand inquisiteur de Castille et d'Aragon, le trop fameux Torquemada.

Nous posons au rédacteur de ce journal, qui signe A. P. C., les questions que voici :

Sait-il que lorsque Torquemada, au lieu de se borner à l'instruction des affaires de son ressort, c'est-à-dire à l'examen et à l'interrogation des prévenus, eut pris part, par son influence et son criminel concours, aux exécutions et aux autodafés qui déshonorèrent le pouvoir civil d'Espagne à cette époque, Sixte IV protesta contre ces cruautés ?

Sait-il qu'Alexandre VI protesta à son tour sans plus de succès ?

Sait-il que Torquemada, voulant donner le change au Pontife sur sa conduite, députa trois fois un exprès à Rome pour se disculper ; que malgré ses menées, sa culpabilité étant établie, le Pape lui adjoignit quatre assesseurs pour atténuer un mal qu'il ne pouvait empêcher absolument, le roi voulant le maintien du grand Inquisiteur ?

Si M. A. P. C. sait tout cela nous laissons à sa conscience le soin d'apprécier son procédé littéraire. S'il ne le sait pas, comment parle-t-il de ce qu'il ignore, et fait-il peser sur un Pape, auquel Michelet a lui-même rendu justice, une imputation calomnieuse ?

M. A. P. C. laisse trop voir le bout de l'oreille, c'est-à-dire le parti pris de la haine contre l'Eglise. La vérité et la justice le gêneraient dans ses plans.

Quant à Torquemada, nous l'abandonnons à la *République française*. Ce journal a plus d'intérêt que nous à le ménager : car ce qu'on pourrait en dire de pire, c'est que le grand Inquisiteur de Castille et d'Aragon avait

ce qu'il fallait pour faire un de ces chefs de *fédérés*
pour lesquels le journal de Gambetta a plaidé si com-
plaisamment l'amnistie et les circonstances atténuantes.
Encore Torquemada n'eût-il pas dit avec autant de dé-
sinvolture que M. Challemel-Lacour en 1871 : *fusillez-*
moi tous ces gens-là. En tout cas, il ne l'eût dit que
pour défendre la loi et la religion de son pays, non
pour menacer d'honnêtes gens opposés au drapeau de
la révolte.

N'est-ce pas le rédacteur du même journal, M. Ranc,
qui a dit : *On ne discute pas avec ses adversaires, on les*
supprime ? On chercherait inutilement dans l'Eglise ces
théories et ces procédés expéditifs.

Il n'est pas de jour où l'on ne trouve, dans les jour-
naux antireligieux, l'histoire ainsi présentée au peuple.

Joseph de Maistre et Lacordaire avaient raison ; l'histoire depuis trois siècles, en ce qui touche l'Eglise, est
un mensonge perpétuel et flagrant. Les protestants, les
philosophes du xviiie siècle, puis les révolutionnaires,
ont, les uns après les autres, apporté leur contingent à
cet amas de calomnies éhontées. Ils n'ont que trop bien
réussi à tromper les âmes honnêtes, à provoquer la
haine de l'Eglise. Partout on trouve admis et triom-
phant le préjugé qui attribue à l'Eglise la responsabilité des peines décrétées par les Inquisitions impériales
et royales.

Nous avons visité à Constance, la salle où se tint le
Concile de ce nom. Dans une pièce contiguë on conserve, entre autres curiosités historiques, la cellule
dans laquelle Jean Huss fut enfermé avant sa mort.
Le cicérone faisait remarquer la petite ouverture par
laquelle on passait la nourriture au condamné ; qui ne
pouvait se tenir debout dans cet espace étroit et bas.
Il rappelait qu'au mépris du sauf-conduit remis à Jean
Huss, celui-ci fut arrêté, jugé et condamné à la peine
du feu. Un visiteur se retourna vers nous en se ré-
criant contre la cruauté de l'Eglise catholique. *On au-*
rait dû, nous dit-il, rôtir les évêques siégeant au Con-
cile, et le Pape qui le présidait.

Nous lui fîmes observer que ce n'était ni le Concile ni le Pape Martin V qui avaient donné un sauf-conduit à Jean Huss, ni le Concile ni le Pape qui l'avaient fait arrêter, ni le Concile ni le Pape qui avaient édicté la loi pénale endurée par le condamné, ni le Concile ni le Pape qui en avaient prononcé l'application, encore moins qui l'avaient exécutée ; que c'était le pouvoir temporel, représenté alors par l'empereur Sigismond, qui avait personnellement dénoncé les doctrines du novateur au Concile de 1414 ; que lui seul était responsable de la violation du sauf-conduit et de la cruauté de la peine. Notre interlocuteur ouvrit de grands yeux, ne nous répondit rien et ne parut pas convaincu. Il y a des cécités incurables dans l'ordre moral comme dans l'ordre physique. Le préjugé est dans la forme la plus tenace de cette maladie dans l'ordre moral.

La part de l'Eglise dans l'affaire de Jean Huss est l'excommunication lancée contre lui par Alexandre V et la déclaration d'hérésie formulée par le Concile de Constance. Le reste revient à l'Etat.

VII

RAISONS DS L'ÉTABLISSEMENT DE L'INQUISITION PAR LES
PRINCES. — NULLE NE FUT PLUS LÉGITIME, AU DÉBUT, QUE
L'INQUISITION D'ESPAGNE. — SES CONSÉQUENCES. — VOL-
TAIRE ET DE MAISTRE.

Nous croyons avoir démontré que les souverains temporels étaient partout les vrais maîtres de l'Inquisition
chez eux. Ils avaient tenu à son établissement et ils
tenaient à son maintien pour plusieurs raisons, les
unes légitimes, les autres coupables.

La première des raisons légitimes, c'était la raison
d'État. Elle exigeait *l'unité* de cet État, et par conséquent la proscription des doctrines hérétiques qui
mettaient cette unité en péril. C'est en vertu du même
principe que les républicains proscrivent les idées mo-
narchistes parce qu'elles divisent la république, et fo-
mentent, disent-ils, des luttes et des haines. Ils ap-
puient ainsi, sans y penser, le principe de l'Inquisition.

Voici une autre inconséquence de leur part. Ils veu-
lent rendre l'école athée, interdire l'enseignement chrétien, proscrire les livres et les professeurs qui lui sont
favorables, en un mot rendre l'athéisme *obligatoire*.

C'est violer la liberté de conscience et la liberté d'enseignement. Et ils trouvent étonnant que les gouvernements, autrefois, aient avec plus de raison, soutenu l'enseignement chrétien qui avait sauvé la société du paganisme, où ils nous ramènent !

La seconde des raisons légitimes de l'Inquisition c'est la défense et la protection de la religion.

Mais, à côté de celles-là, il y eut, par la suite, à la jalouse autorité des souverains sur l'Inquisition, des motifs moins élevés et moins désintéressés.

Ce tribunal placé sous leur juridiction servait quelquefois leur orgueil et leur ambition. Ils y voyaient un moyen d'étendre leur pouvoir, d'empiéter sur les droits de l'Eglise, dont ils acceptent bien le concours, mais dont ils repoussent volontiers le contrôle. Ils y voyaient un moyen de poursuivre, sous un prétexte facile à trouver, tous ceux qui leur portaient ombrage, nobles, dignitaires, ecclésiastiques même.

Enfin ils y trouvaient un moyen commode de satisfaire soit leur vengeance, soit leur cupidité, car les amendes et les confiscations remplissaient les caisses du trésor et même la leur. N'est-ce pas cette hideuse considération qui, en France, fit livrer les Templiers aux flammes ? Philippe le Bel convoitait leurs immenses richesses.

On doit dire à la décharge de l'Inquisition d'Espagne qu'à l'origine, nul ne fut mieux justifié par les raisons que nous avons appelées légitimes.

On ne se rend pas compte de la situation exceptionnelle dans laquelle se trouvaient la Castille et l'Aragon quand Isabelle et Ferdinand instituèrent l'Inquisition.

Les Maures unis aux Juifs et cachés sous de fausses apparences de conversion chrétienne remplissaient l'Espagne. Ils formaient, comme les protestants en France, un Etat dans l'Etat, pour lequel ils étaient une menace perpétuelle. Il y avait un intérêt de salut public à prendre les mesures les plus rigoureuses pour parer à ce danger, en démêlant les coupables d'avec les innocents. Avant qu'ils fussent chassés de Grenade, leur dernier asile, la question depuis huit siècles, entre eux et les Espagnols, était de savoir qui resterait maître de l'Espagne. On comprend que les princes, gardiens naturels de la nationalité espagnole, aient eu recours à tous les moyens pour la sauver. A la question religieuse s'ajoutait une question nationale, une question de vie ou de mort, et par là, elle échappait aux remontrances et à la compétence des Papes.

Des étourdis, parlant de ce qu'ils ignorent, peuvent faire des phrases sentimentales sur la cruauté d'Isabelle *la Catholique*, ceux qui connaissent l'histoire l'excusent et les Espagnols l'exaltent.

Grâce à l'Inquisition, l'Espagne fut délivrée d'abord de ses ennemis intérieurs, et plus tard elle fut préservée de l'invasion du protestantisme qui, pendant deux siècles, déchira la France, l'Allemagne et l'Angleterre par les guerres civiles, les meurtres et les massacres où périrent milles fois plus de victimes que n'en firent toutes les Inquisitions.

Aussi Joseph de Maistre raille-t-il agréablement Voltaire à propos de ce jugement émis par ce dernier :

« Il n'y eut en Espagne, dit Voltaire, pendant le xvie et le xviie siècle, aucune de ces révolutions sanglantes, de ces conspirations, de ces châtiments cruels qu'on voyait dans les autres cours de l'Europe. Ni le duc de Lerme ni le comte Olivarès ne répandirent le sang de leurs ennemis sur les échafauds. Les rois n'y furent point assassinés comme en France et n'y périrent point par la main du bourreau comme en Angleterre. Enfin, *sans les horreurs de l'Inquisition*, on n'aurait eu, alors, rien à reprocher à l'Espagne (1). »

« Je ne sais, ajoute Joseph de Maistre, en citant ce passage, si on peut être plus aveugle. » Selon lui, cela équivaut à dire : « Sans les horreurs de l'Inquisition on n'aurait rien à reprocher à cette nation, qui n'a échappé que *grâce à l'Inquisition* aux horreurs qui ont

(1) *Essai sur l'histoire générale*, t. IV, p. 177.

4

déshonoré toutes les autres. » M. de la Palisse, en effet, n'eût pas raisonné mieux.

« On a dit avec raison, reprend J. de Maistre, que le Saint-Office, avec une soixantaine de procès dans un siècle, nous avait épargné le spectacle d'un monceau de cadavres qui surpasserait la hauteur des Alpes et arrêterait le cours du Rhin et du Pô (1). »

(1) De Maistre, lettre quatrième.

LA CONGRÉGATION ROMAINE DU SAINT-OFFICE. — GALILÉE ET
LAVOISIER

Ce que Joseph de Maistre a dit de l'Inquisition d'Espagne peut s'appliquer à l'Italie. Par cela seul que
l'unité d'esprit y a été maintenue contre les tentatives
d'hérésie, elle n'a pas eu à déplorer des guerres intes-
tines comme celles qui ont déchiré la France. De
même, par cela seul que le tribunal inquisitorial exis-
tant à Rome, et connu sous le nom de Congrégation
romaine du Saint-Office, relevait d'un pouvoir temporel ecclésiastique et dont le chef était le Pape, ses dé-
crets se sont toujours ressentis de l'esprit de douceur
ou de commisération qui est le tempérament de l'Eglise
en général et de la Papauté en particulier.

Le Saint-Office a dû châtier les hérétiques qui atten-
taient aux lois civiles et religieuses ; il a dû sévir
comme tous les pouvoirs attaqués qui se défendent ; il
l'a fait de la manière qui était dans les mœurs du temps,
avec la conscience de remplir un devoir social : voilà
tout ce qu'on peut dire. Nous ne répéterons pas les raisons développées déjà pour le justifier.

Ce qu'on est heureux de constater, ce que nos adversaires ne peuvent contester, c'est qu'à Rome il y eut
infiniment moins de victimes qu'ailleurs, et aucun de
ces raffinements de cruauté qui ont déshonoré les In-

quisitions impériales et royales. Nos ennemis mêmes le reconnaissent.

Ce qu'on entend le plus souvent reprocher à la Congrégation romaine du Saint-Office, c'est l'affaire de Galilée.

Or, à quoi se réduit la condamnation de l'illustre savant ?

Galilée resta quatre jours en prison, puis fut interné successivement pendant six mois dans le palais de son ami Nicoli, ambassadeur de Ferdinand de Médicis; dans le palais de son autre ami Piccolomini, archevêque de Sienne, avec de nombreux domestiques pour le servir. Après ces six mois il rentra dans sa propre villa à Arcetri, près de Florence. Il est vrai qu'il devait entendre, chaque semaine, pendant trois ans, la lecture des psaumes de la pénitence, que lui faisait sa fille.

Un autre savant, Lavoisier, eût été heureux, sous la première République française, d'échanger son sort contre celui de Galilée. Malheureusement pour lui, il n'avait pas affaire au tribunal de l'Inquisition, qui l'eût sauvé comme il eût sauvé Jeanne d'Arc et les Templiers, mais au tribunal révolutionnaire de 1794. Celui-ci le condamna à la peine de mort, uniquement *parce qu'il avait appartenu au corps des fermiers généraux*, comme il condamna le petit-fils de David de Baudrigue parce qu'il portait le nom de son grandpère. Le célèbre chimiste avait demandé, comme une faveur, un délai de quelques jours pour terminer des expériences utiles à l'humanité. Cette grâce lui fut refusée. *La République n'a pas besoin de savants*, répondit le tribunal, et il fut décapité le 8 mai 1794.

Libres penseurs, radicaux, révolutionnaires de tout nom, comparez les deux condamnations, leur motif, leur rigueur, et prononcez entre le tribunal *clérical* et le tribunal *radical*; entre la *barbare* Inquisition et la *libérale* Révolution française !

Considérant le système de Galilée comme une immixtion dans la théologie et une attaque à la Bible, le

tribunal du Saint-Ofice, du moins, était dirigé par
un mobile élevé en condamnant Galilée. Il croyait défendre la religion. Il se trompait doublement, nous le
savons, sur le véritable système du monde défendu
par le savant astronome injustement condamné, et sur
le sens du texte biblique avec lequel il croyait ce système en contradiction.

Le texte de Josué n'était pas, en réalité, plus opposé
à la rotation de la terre que notre langage ne lui est
opposé quand nous disons que le soleil se lève ou se
couche, tout en le sachant immobile. L'*Annuaire du
bureau des longitudes* emploie encore aujourd'hui cette
locution. Il parle comme Josué. La religion et les livres
saints étaient donc hors de cause.

Mais la question n'est pas là, en ce moment.

En blâmant, bien entendu, ce tribunal qui s'est
trompé comme cela arrive tous les jours à des corps
savants, nous tirons seulement, du fait, cette conclu-
sion à l'appui de notre thèse : que malgré la culpabilité dont il croyait justement accuser Galilée, il ne
s'est pas départi, dans sa sentence, d'une grande modération. Calvin eût brûlé Galilée comme il fit brûler
Servet. Quant aux révolutionnaires, on sait si le
moindre prétexte est nécessaire à leurs yeux pour entraîner la mort. Celle de Lavoisier montre le souci
qu'ils ont de la science ou de la justice. N'avaient-ils
pas, en 1794, supprimé l'Institut de France ?

Pour conclure, l'affaire de Galilée, dont on croit tirer
avantage contre l'Eglise, en est au contraire une justification relative, au point de vue de la tolérance.

Le protestant génevois Mallet du Pan, le protestant
anglais sir David Brewster, membre de l'Académie
royale de Londres, Philarète Charles, etc., ont tous
abandonné les lieux communs débités à propos de
Galilée contre l'Eglise. M. H. de l'Epinois, dans un ouvrage récent, l'a complètement vengée. Elle n'a plus,
en ce siècle, d'autres calomniateurs persévérants à ce
sujet, que des fanatiques comme Libri, celui qui a dé-
tourné les manuscrits de la Bibliothèque nationale.

C'est un honneur pour elle d'avoir de tels adversaires
ou leurs dupes.

Les points que nous avons voulu établir pour jeter
un peu de lumière sur cette question si complexe et si
grave sont nombreux. Les voici tels qu'ils nous
semblent ressortir de l'examen impartial des faits.

1º L'Inquisition fut établie, sur la demande des
princes temporels, par le Pape et avec le concours de
l'Eglise.

2º Ses tribunaux se composèrent de clercs et de
laïques.

3º Les clercs remplissaient l'office de *jurés :* les
laïques, seuls, l'office de *juges,* comme dans nos cours
d'assises ; seuls ils prononçaient les peines édictées
par la société civile.

4º Les princes, en instituant l'Inquisition, étaient
guidés, à l'origine, par deux motifs légitimes : la raison d'Etat et la protection de la religion.

5º Plus tard cette institution dégénéra ; l'orgueil,
l'ambition, la vengeance et la cupidité se mêlèrent
trop souvent aux premiers mobiles

6º Les Papes s'élevèrent constamment contre les
abus et les cruautés, et ne furent pas toujours écoutés.

7º A Rome, où le pouvoir temporel était en même
temps un pouvoir ecclésiastique, la douceur régna généralement là où la cruauté sévit en Espagne et en
France. Les *autodafés* et les *chambres ardentes* y furent
inconnus.

Cela pourra étonner et contrarier certains adversaires, mais c'est ainsi. Un gouvernement ecclésiastique l'emportera toujours sur les autres sous le rapport de la tolérance, parce que la charité est le premier des commandements enseignés par l'Eglise. Elle le
concilie autant qu'elle peut avec le devoir de la justice.

IX

TRIBUNAUX ECCLÉSIASTIQUES DE L'INQUISITION

L'Inquisition eut pourtant, pendant quelque temps
au XIIIᵉ siècle, ses tribunaux *ecclésiastiques* ; mais cela
ne contredit pas notre thèse fondamentale. Le rôle pé-
nal, même dans ces tribunaux revient encore, malgré
les apparences, à l'autorité temporelle, non à l'Eglise.
On ne peut pas plus l'attribuer à celle-ci qu'on ne
pourrait lui imputer la condamnation qui frappa Cinq-
Mars et de Thou, parce que ce fut le cardinal Richelieu
qui la fit prononcer. Le grand ministre agissait comme
ministre du roi Louis XIII, et conformément aux lois
destinées à sauvegarder l'Etat.

On ne peut soulever, au sujet des tribunaux ecclésiastiques, qu'une question de forme. En effet, que le
prêtre se bornât à qualifier le délit religieux, et lais-
sât ensuite les magistrats civils appliquer la peine, ou
qu'il la prononçât lui-même, cela simplifiait seulement
la procédure, sans rien changer au *résultat* pour le condamné et à *l'origine civile de la pénalité.* A ceux qui
s'étonneraient que l'Eglise ait été ainsi mêlée, momen-
tanément, à l'action judiciaire, même dans cette
mince proportion, on peut répondre que cela s'explique
par le mélange un peu confus des deux éléments ecclésiastique et civil, à une époque où ils se pénétraient mu-
tuellement et avaient, l'un en l'autre, une mutuelle
confiance.

Comme nous l'avons vu, la juridiction des tribunaux ecclésiastiques, même réduite à ces simples termes n'a pu s'exercer que par l'accord des deux pouvoirs, l'autorité civile sanctionnant seule les jugements entraînant une peine temporelle.

Disons tout de suite que les tribunaux ecclésiastiques ne prononçaient *jamais* la peine de mort, ni celle de la mutilation ou de la brûlure. Nous avons vu la loi fondamentale de l'Eglise à ce sujet ; *elle ne fut jamais violée*. A contraire, nous avons constaté les précautions prises par les *Cours de chrétienté* ou les *Officialités* au sujet de l'information, de la constatation du délit, de la confrontation des coupables, de la sécurité et de la véracité des témoins, enfin et surtout des garanties en faveur de l'accusé.

Les tribunaux spéciaux d'Inquisition offrirent les mêmes garanties et la même supériorité sur les tribunaux royaux d'Inquisition, au point de vue de l'indulgence.

« Les formes décrétées pour la procédure inquisitoriale devaient être suivies avec une rigueur minutieuse ; la moindre négligence, la moindre omission *entraînait la nullité en faveur de l'accusé*, dit du Boys, dans son *Histoire du droit criminel en France*.

» Nous ne voulons pas, dit-il, faire une histoire de l'Inquisition. Notre tâche est seulement de montrer ce qui caractérisait spécialement les pénalités et la procédure de cette juridiction exceptionnelle... Quant à la pénalité, elle ne consista, primitivement, que dans les pénitences mentionnées par les *Pénitenciers* d'Halitgaire et autres recueils des VIII°, IX° et X° siècles. Seulement, ces pénitences, qui étaient surtout instituées *contre les clercs*, et qui n'eurent longtemps d'autre sanction que l'excommunication et l'interdit, furent prononcées; non plus par l'Evêque ou le confesseur, mais par un tribunal spécial *à qui le pouvoir temporel donnait les moyens coërcitifs de faire exécuter ses arrêts*. Ce tribunal jugea principalement les crimes d'hérésie, de sacrilège et de blasphème.

» D'abord le caractère pénitentiel de l'Inquisition eut pour effet de créer une juridiction où un grand arbitraire était laissé à l'indulgence. La devise de l'Inquisition était : *Justicia et misericordia*. L'Inquisiteur avait le droit de commuer, de diminuer ou même de supprimer la peine si le coupable avouait son crime et en témoignait un repentir plus ou moins sincère. » La preuve, c'est la quantité de *récidivistes repris après avoir été mis en liberté sur leur parole*.

» Quand l'Inquisiteur reconnaissait la culpabilité et l'incorrigibilité du prévenu, il pouvait le condamner aux peines les plus sévères, SAUF TOUJOURS LA PEINE CAPITALE ET LA MUTILATION.

» Dans ce dernier cas, après avoir constaté que le coupable se montrait obstiné dans sa révolte aux lois de l'Eglise et de l'Etat, qu'il avait été récidiviste ou relaps, la compétence de l'inquisiteur cessait, comme de nos jours cesserait la compétence d'un *tribunal correctionnel*, dès qu'il serait constaté qu'au lieu d'un délit qu'il avait à juger, le prévenu est coupable d'un crime. Dans ce cas, il renverrait le criminel en cour d'assises. De même l'inquisiteur devait renvoyer le *relaps* aux juges séculiers, seuls compétents. Telle était la loi civile. La position de ceux-ci était alors semblable à celle de nos cours d'assises qui se trouvent en présence de cette déclaration du jury : Oui, l'accusé est coupable sans circonstances atténuantes. La cour ne peut être, alors, que l'instrument docile de la loi et doit l'appliquer. Il en était de même, au moyen-âge, du juge séculier obligé d'appliquer les lois de son temps, c'est-à-dire la peine du feu contre le crime d'hérésie accompagné des circonstances aggravantes ci-dessus mentionnées.

« Cette peine, aujourd'hui, nous paraît justement excessive et barbare ; au xiii⁰ siècle il n'en était pas ainsi A cette époque de mœurs rudes, de dédain de la souffrance et de la mort, en même temps que de foi ardente et populaire, l'hérésie était un objet d'indignation et de répulsion générale. L'hérésie des Albigeois, contre laquelle fut établie l'Inquisition, avait un caractère tout particulier de destruction sociale (1). »

L'Inquisition fut, malgré tout, un progrès relativement à l'état de choses antérieur. « Substituée aux massacres à main armée ou aux conseils de guerre, qui n'avaient pas le droit de grâce, dit l'historien le plus autorisé en ces matières, l'Inquisition était exercée par des ecclésiastiques gens plus éclairés et moins cruels. Avant de procéder elle donnait deux avertissements. Elle n'arrêtait que les obstinés et les relaps, acceptait le repentir de celui qui abjurait son erreur, et se contentait souvent de *châtiments moraux*. Elle sauva beaucoup de personnes qui eussent été condamnées par des tribunaux séculiers.

» En Italie, une constitution de Célestin III et d'Innocent III, recueillie dans le droit canonique, distingue les procédures par voie de dénonciation et celles par voie d'inquisition. Mais, dans toutes, *les témoignages sont publics, la défense et le débat admis*. Les hérétiques, jugés SELON LA LOI CANONIQUE, *pouvaient connaître l'accusateur et les témoins, ils avaient un défenseur et le débat était public* (2).

On avouera qu'avec ces garanties, il a dû y avoir infiniment moins d'abus et de victimes qu'on ne se l'imagine ; et il y a loin de là à l'idée que la foule prévenue se fait de l'Inquisition. Si l'on dit que la loi canonique fut quelquefois oubliée ou violée, en Espagne, en France ou ailleurs, on aura malheureusement raison : mais cela précisément *absout* l'Eglise des conséquences de la violation des lois canoniques qui devaient être, dans sa pensée, la garantie des accusés. Il faut lire dans le savant ouvrage de du Boys le chapitre intitulé : *Du droit pontifical dans ses rapports avec l'inquisition*. On y verra quelles étaient ces garanties exigées par la Papauté. « Elles ne furent pas toujours observées, dit-il, grâce à l'atmosphère brûlante des passions méridionales

(1) Du Boys. *Droit criminel en France*, t 1, p. 94 à 97
(2) César Cantu. *Les hérétiques d'Italie*, p. 191, 193.

surexcitées par la guerre civile et religieuse des Albigeois en France, des Maures en Espagne. Mais ce n'est pas dans nos temps de révolutions qu'on peut s'étonner de ce que les passions égarent souvent la justice. »

Les Parlements de France n'ont-ils pas rendu des sentences iniques tantôt en obéissant aux vengeances princières, comme dans la condamnation d'Enguerrand de Marigny, tantôt en obéissant aux clameurs populaires, comme dans celle de Calas ? Celle du glorieux défenseur de l'Inde française, Lally-Tollendal, ne fut-elle pas, selon le mot de Voltaire : *un assassinat avec le glaive de la justice?* C'est ici le cas de répéter que les tribunaux révolutionnaires ont fait périr plus d'innocents, en six ans, que l'Inquisition pendant six siècles. On en peut dire autant des nations hérétiques ou schismatiques, comme la Russie et l'Angleterre. Qui ne connaît la misère et les proscriptions de la malheureuse Irlande et de la Pologne ? Ici ce ne sont plus seulement des *individus*, ce sont des *nations* martyres. Qu'est-ce que les procès de l'Inquisition auprès de faits analogues dont l'histoire est pleine ?

Même dans l'Inquisition contre les Albigeois, tout ce qui était une garantie pour les accusés *venait des Papes.* « C'est à eux qu'était due, dit du Boys, l'institution des avocats d'office donnés au prévenus toutes les fois qu'ils n'avouaient pas. On nommait un tuteur ou un curateur aux accusés qui n'avaient pas atteint leur majorité. L'Inquisition, malgré ses vices et ses abus, conclut du Boys, apporta dans la jurisprudence son contingent de progrès scientifiques à la civilisation. » N'importe, la foule identifiera toujours les prêtres et les bûchers, en raison directe de son ignorance et de sa méchanceté. Nous serions bien étonnés que Danton et Fouquier-Tinville n'eussent pas fait des tirades indignées contre l'intolérance et la cruauté de l'Eglise, et n'eussent pas trouvé des applaudisseurs. Quand ensuite ils faisaient mitrailler, égorger, noyer des prêtres, des femmes et des enfants, les mêmes individus, pro-

bablement, battaient encore des mains. Les hommes de
savoir rendent justice à la modération de l'Eglise ; les
ignorants et les pervers l'outragent ; c'est dans l'ordre ;
chacun est dans son rôle.

Quant aux catholiques, éclairés par l'esprit de
l'Eglise et par ses lois, ils voudraient pouvoir, d'un
trait de plume, effacer de l'histoire les cruautés inutiles
et les abus de cette époque. Ils déplorent, plus que
d'autres, des faits et des actes qu'on exploite contre
l'Eglise avec autant de haine que de perfidie. Ces faits
et ces actes s'expliquent par la passion, par les convic-
tions ardentes qui poussaient alors tout principe à l'ex-
trême. Comment eût-on pu, au xiii⁰ siècle, en face des
atrocités des Albigeois, s'en tenir à la persuasion ou à
des peines correctives, *comme l'eût voulu l'Eglise*, alors
que trois cents ans plus tard, au siècle qu'on a appelé
le siècle d'or, nous voyons à Genève, Calvin établir en
principe, au nom de la liberté de conscience, *qu'on peut
tuer les hérétiques* (c'est-à-dire les catholiques), et faire
lui-même brûler Servet, décapiter Gruet, exiler Bolsec,
condamner Gentilis ?

Deux cents ans plus tard encore, au siècle de la phi-
losophie, on brûle Calas et Labarre ; Voltaire rit en
pensant qu'on a pendu vingt Jésuites à Lisbonne ; il
emploie son influence à Genève, à faire brûler l'*Emile*
de Rousseau, à faire bannir son auteur. Il emploie son
influence, à la cour de France, à faire *embastiller* deux
fois La Beaumelle, puis à le faire exiler. Si c'étaient là
les vengeances de son amour-propre blessé, qu'eût-il
fait, au xiii⁰ siècle, s'il avait eu l'excuse de la raison
d'Etat ? Quel terrible inquisiteur n'eût-il pas fait ? Les
passions de l'homme peuvent changer d'objet, mais
elles sont éternelles. Le juge équitable doit tenir
compte, quand il les apprécie, des circonstances, des
temps et des milieux.

Que les passions, dans les tribunaux ecclésiastiques,
aient pu prendre quelquefois, comme dans les tribunaux royaux d'inquisition, la place de la justice et de
l'intérêt religieux, c'est possible. Mais qu'est-ce que

cela prouve ? L'infirmité de la nature humaine, dont le prêtre n'est pas toujours exempt.

Les théologiens avouent que les papes, eux-mêmes, sont quelquefois sortis de la mesure et ont eu des erreurs de jugement et des torts de conduite dans leurs rapports avec l'autorité civile, leurs luttes avec les souverains, leurs sentences et leurs excommunications. Ils disent expressément que leur infaillibilité ne s'étend pas à leurs actes. Cela est tellement vrai qu'Alexandre VI, trompé par les calomnies des usuriers et des libertins de Florence contre Savonarole, excommunia l'illustre dominicain. D'autres Papes ont revisé le procès gagné par les libertins de Florence, et ont effacé l'excommunication lancée par Alexandre VI. Jules II le fit peindre par Raphaël, dans la *Dispute du saint Sacrement*, au milieu des docteurs de l'Eglise. Benoît XIV l'a déclaré un grand serviteur de Dieu. On a même parlé de sa béatification. Il faut savoir faire ces aveux, sous peine de faire taxer de duplicité ou de fétichisme le respect et l'amour des chrétiens pour leurs Pontifes.

A plus forte raison des ecclésiastiques ont-ils pu faillir, soit en excédant leurs pouvoirs, en sortant de leurs attributions, soit en prononçant des peines exagérées ou injustes comme celle qui a frappé Galilée. On peut le déplorer sans se mettre en opposition avec l'Eglise. Cela suffit pour que notre thèse reste debout. S'il ne fallait admettre que les institutions où aucun abus ne se serait jamais glissé, laquelle subsisterait ? Faudrait-il préférer l'absence d'institutions, c'est-à-dire le chaos ?

En résumé, l'Inquisition fut un tribunal destiné à défendre la société contre l'hérésie, à prévenir les troubles, les divisions et les guerres qu'elle suscitait partout. Cette institution a atteint, en partie, son but, notamment en Espagne, qui fut longtemps exempte de révolutions ; Voltaire le reconnaît sans le vouloir. On doit déplorer ses abus et ses rigueurs inutiles ; mais la légitimité de son principe est indiscutable, étant donné l'intérêt de l'Etat à défendre la religion. Cet intérêt nous l'avons démontré. L'Etat actuel de notre société, par suite de l'absence de religion, corrobore notre démonstration. Rien ne justifie mieux le principe et le but de l'Inquisition, que les révolutions et les bouleversements dont tant de doctrines monstrueuses menacent aujourd'hui le monde.

TABLE DES MATIÈRES

www.ingramcontent.com/pod-product-compliance
Lightning Source LLC
La Vergne TN
LVHW022118080426
835511LV00007B/889